I0177663

LAS SECUELAS DE LA TRAICIÓN

MICHELLE MAYS LPC, CSAT-S

Relational Recovery Press

Copyright © 2025 por Michelle D. Mays

Todos los derechos reservados.

Ninguna parte de esta publicación podrá reproducirse, almacenarse en un sistema de recuperación ni transmitirse, por ningún medio ni en ninguna forma —electrónica, mecánica, por fotocopiado, grabación u otros métodos — sin la autorización previa y por escrito del titular de los derechos de autor, salvo en el caso de breves citas utilizadas en reseñas o comentarios de libros.

Este libro se comercializa bajo la condición de que no podrá prestarse, revenderse, alquilarse ni distribuirse de ningún otro modo sin el consentimiento previo del editor, ni presentarse en una forma de encuadernación o cubierta distinta de aquella en que se publica, y sin que se imponga una condición similar, incluida esta misma, al comprador posterior.

Bajo ninguna circunstancia podrá fotocopiarse ninguna parte de este libro con fines de reventa.

ISBN 978-0-9988434-7-6 (libro electrónic

978-0-9988434-6-9 (libro de bolsillo)

Edición de Scott Brassart

Diseño de portada: Kern Collective

❋ Formateado con Vellum

～

A las mujeres del PartnerHope Focus Group, por su coraje esperanzador
ante circunstancias abrumadoras y por su deseo de iluminar
el camino para quienes vendrán después.

～

INTRODUCCIÓN

La traición destroza tu mundo. En un instante, todo lo que creías saber y aquello en lo que podías confiar, cambia. La persona más cercana a ti pasa, de un momento a otro, de ser tu fuente más profunda de seguridad y conexión a convertirse en una fuente de dolor, miedo y peligro emocional.

Esta es la experiencia del trauma por traición. Para quienes han sido traicionados y por ende están perdidos en medio de esta vivencia caótica, desorientadora y devastadora, el mundo entero se pone patas arriba y todo parece incierto.

Una de las primeras formas de ayudarte a ti misma a afrontar el trauma por traición es reconocer y poner en palabras lo que estás sintiendo. Esto ayuda a iniciar el proceso de comprender e integrar lo ocurrido dentro de la narrativa de tu vida. El objetivo de este libro es ayudarte a identificar y expresar lo que estás viviendo: darte palabras, lenguaje y conceptos para describir esta tormenta de traición.

Espero que así puedas compartir dicha experiencia con tu red de apoyo, asegurándote de que ella la pueda entender

y sentir. Esto es sumamente importante, porque compartir
tu experiencia con otras personas empáticas te ayudará a
sentirte menos sola en tu camino; pues son muchas que han
habitado ese espacio donde tú estás ahora, y que
comprenden lo aterrador que es el trauma por traición.
Cuando compartas tu historia con ellas, te rodearás de una
sabia y comprensiva compañía.

Hace años pasé por mi propia historia de trauma por
traición. Estaba casada con un hombre que padecía una
adicción sexual, y recorrí todos los sentimientos, comportamientos y experiencias de los que hablo en este libro. Pasé
del descubrimiento inicial de la traición, por un sinuoso
camino de recuperación, hasta llegar a un lugar de profunda
sanación y restauración. Este libro no es teoría: es experiencia vivida y está escrito desde mi corazón para el tuyo,
dondequiera que te encuentres en tu proceso.

Así que, empecemos. Este libro está dividido en doce
capítulos de extensión variable, cada uno de los cuales
aborda un aspecto específico del impacto del trauma por
traición. Estos elementos no son lineales. Te encontrarás
experimentando muchos al mismo tiempo y pasando de
uno a otro, una y otra vez.

Al final de cada capítulo hay una sección llamada PARA
TU REFLEXIÓN, que ofrece sugerencias y ejercicios para
ayudarte a procesar la experiencia del trauma por traición.
Siéntete libre de hacerlos o no. Elige los que más resuenen
contigo y hazlos primero. Piensa cuáles te ayudarán más y
enfócate en ellos. Este es tu viaje: así que escucha atenta-
mente y confía en tu sabiduría interior sobre lo que
necesitas.

Ten en cuenta que, al darle palabras a la experiencia del
trauma por traición, puede que sientas un gran alivio; por
fin alguien te está ayudando a nombrar lo que estás

viviendo. También puede que experimentes sentimientos intensos y abrumadores de ira, miedo, vergüenza, entre otros. El proceso de articular el impacto del trauma por traición hace que estas emociones se vuelvan más nítidas. Esto no siempre es agradable, pero es necesario si quieres sanar. Con el tiempo, procesarás tus sentimientos de una manera que les permita fluir a través de ti. Cuando esto ocurre, sanas.

Debido a todo lo que acaso surja mientras leas, querrás ir despacio y tomarte tu tiempo. Respira, haz pausas, duerme una siesta, pasea al perro, sé amable contigo misma y vuelve a respirar. Estás al comienzo del proceso de curación, y la amabilidad y el cuidado hacia ti misma son esenciales en este momento.

Michelle Mays

1

LA NIEBLA PROTECTORA DEL SHOCK

Amy y Jacob llevan quince años casados. Amy se enteró de los comportamientos sexuales de Jacob cuando lo arrestaron por tener relaciones sexuales en un baño público de un parque de diversiones. Comenzaron con la terapia, lo cual les permitió aprender sobre la adicción sexual y la recuperación. Al principio del proceso terapéutico, tuvimos una sesión de pareja y Jacob le contó un poco más acerca de sus conductas sexuales secretas a Amy. Además del incidente en el parque de diversiones, reveló varias relaciones paralelas y encuentros sexuales ocasionales a lo largo de los años.

Mientras Amy escuchaba, pude ver cómo se cerraba y entraba en la niebla protectora del shock. La información era demasiado dolorosa para asimilarla. Cuando se sintió abrumada, su cuerpo acudió al rescate y se interpuso entre ella y lo que estaba escuchando. Hizo algunas preguntas, pero la mayor parte del tiempo permaneció en silencio con lágrimas en los ojos.

El shock es la forma que tiene el cerebro de protegernos de la información y los acontecimientos que son demasiado abrumadores para afrontarlos en ese momento. Por ejemplo, una persona que pierde repentinamente a un ser querido suele entrar en estado de shock. Una nube protectora envolverá a esa persona, adormeciendo sus sentimientos y manteniendo a raya las implicaciones de la muerte de su ser querido hasta que pueda asimilar lo ocurrido. Este tipo de niebla protectora les permite levantarse de la cama, ducharse y vestirse, responder a preguntas sobre los preparativos del funeral, asistir al entierro e interactuar con familiares y amigos. Les ayuda a funcionar cuando, de otro modo, podrían venirse abajo.

Este mismo tipo de shock protector suele envolver a las personas traicionadas tras descubrir la infidelidad.

Durante las semanas siguientes de terapia, Amy hizo preguntas sobre las conductas sexuales de Jacob. Yo le recordaba con suavidad que él ya le había dado esas respuestas. Ella me miraba con una expresión de incredulidad sorprendida. Cuando le recordaba lo que había escuchado, se encogía sobre sí misma y decía: "Ah, sí", mientras reconocía y recordaba la información. Esto sucedió una y otra vez durante muchas sesiones, porque realmente no podía recordarlo. Su cerebro había bloqueado la información porque era demasiado dolorosa. Con el tiempo, poco a poco, fue capaz de dejar que esa información bloqueada llegara y comenzar a procesarla.

El shock también puede generar la sensación de que has abandonado tu propio cuerpo. Una de mis clientas me contó que no sabía cómo llevaba a su hija a la parada del autobús ni cómo iba al supermercado. Hacía las cosas cotidianas, pero no estaba presente ni era consciente.

Sea cual fuere la forma en que se manifieste, el shock puede durar desde un par de semanas hasta varios meses, dependiendo de la persona y de las circunstancias. Al principio, la sensación de estar perdido en la niebla puede aparecer y disiparse, con algunos días emocionalmente más nublados y otros más claros.

Cuando empieza a desaparecer el shock

Cuando el shock empieza a desaparecer, se produce un deshielo de las emociones y los sentimientos comienzan a aflorar y a procesarse. Puede que notes que, en lugar de sentir tu dolor, tu rabia y tu pena como algo ligeramente separado de ti o algo difuso, de pronto te envuelven por completo y los experimentas con una intensidad vívida, como si fuera la primera vez. Acaso las lágrimas que se sentían atascadas o incapaces de fluir completamente lleguen ahora en torrentes impredecibles. La sensación de andar como medio dormida o en piloto automático puede dar paso a un estado de gran activación, desorganización e hipervigilancia. Todos estos son indicios de que la niebla protectora del shock está comenzando a disiparse.

Quizás reconozcas tu propia experiencia del shock y te preguntes: *¿Qué hago al respecto?* La respuesta es: nada. El shock es la forma que tiene tu cuerpo de protegerte, y esta niebla protectora acabará disipándose, permitiéndote conectar más plenamente con tu nueva realidad y así poder procesarla. Esto sucederá de forma natural, con el tiempo, a medida que tu sistema se adapte.

Si después de varias semanas o meses sigues sintiéndote como si estuvieras atrapada en un shock, habla con tu terapeuta. Un profesional bien formado en el trabajo con traumas por traición puede introducir herramientas e intervenciones que te ayuden a desarrollar lenta y suavemente tu capacidad interna para manejar esa nueva realidad. Con el tiempo, saldrás de tu estado de shock y te sentirás más presente y conectada.

PARA TU REFLEXIÓN

Ejercicio de escritura

El shock es el esfuerzo del cerebro por protegerte de la información y los acontecimientos que son demasiado abrumadores para afrontarlos en el momento. ¿De qué maneras has experimentado el shock? ¿Sientes que todavía estás en shock, que has salido de él o que entras y sales de ese estado?

2

SOBRECARGA DE CIRCUITOS

Además del shock, es posible que experimentes cambios importantes en tu funcionamiento diario. Cuando intentas asimilar información abrumadora y que cambia tu vida —información que te ha sumido en el dolor, la pena y la confusión—, tus "circuitos" se sobrecargan y, en ocasiones, se apagan temporalmente. Según un estudio realizado en 2006 por Barbara Steffens sobre parejas de personas con adicción sexual, el 71% de las personas traicionadas presenta un nivel grave de deterioro funcional en áreas fundamentales de la vida tras descubrir una infidelidad. [1]

Yo misma atravesé mi propia historia de trauma por traición hace muchos años. Durante la crisis inicial tras el descubrimiento, la vida se sentía irreal y empecé a hacer cosas extrañas, absurdas y hasta francamente peligrosas.

Una vez, por accidente, me eché laca en lugar de espuma para peinarme, y al secármelo boca abajo terminé con una

---

[1]. Steffens, B. A., y Rennie, R. L. (2006). The traumatic nature of disclosure for wives of sexual addicts. *Sexual Addiction & Compulsivity*, 13(2-3), 247-267.

cresta de mohicano tan insólita como impactante. Me quedé sin gasolina al costado del camino y tuvo que venir una amiga a rescatarme porque no podía decidir qué hacer. Era incapaz de decidir qué nombres ponerles a mis gatitos nuevos, así que los llamé Gato Negro y Gato Gris. Tuve demasiados "casi" accidentes de tránsito como para contarlos. Me quedaba despierta hasta las siete de la mañana con ataques de pánico. Me rasuré una sola pierna (varias veces). Anduve en bicicleta a contramano. Tuve que comprar varios celulares (que se me cayeron en vasos de gaseosa, charcos, jugo de naranja). Perdí a mis dos gatos de interior, afuera (finalmente los encontré). En general, estaba irritable, agotada, llorosa y no podía concentrarme.

Estas son algunas de las cosas que las personas traicionadas suelen experimentar durante los primeros meses tras el descubrimiento:

- Olvidar cosas
- Torpeza, accidentes
- Insomnio o deseo de dormir todo el tiempo
- Dificultad para concentrarse
- Confundir o intercambiar palabras al hablar
- Incapacidad para realizar tareas simples
- Ganas de aislarse
- Ansiedad, ataques de pánico, miedo abrumador
- Llanto imparable o incapacidad para llorar
- Ira, rabia o frustración
- Depresión
- Pensamientos acelerados o incapacidad para "desconectar la mente"

- Pensamientos intrusivos de escenas reales o imaginarias del comportamiento sexual de nuestra pareja
- Movimientos espasmódicos de ojos, piernas, brazos
- Pérdida o aumento del apetito
- Dolores de cabeza o migrañas
- Dolores corporales
- Sentirse entumecida, como un robot o desconectada
- Estómago revuelto o con acidez
- Culpa o vergüenza
- Pensamientos suicidas o de autolesión
- Enfermarse con frecuencia

Durante esta etapa inicial, cualquier cosa que estés sintiendo o atravesando es completamente normal; recuerda que otras han pasado por lo mismo. Estás en una montaña rusa emocional intensa, y muchas personas en tu situación han experimentado una impresionante variedad de emociones durante este período. Sé paciente y amable contigo misma, y no te exijas más de lo que es posible en estos primeros momentos. Tu cuerpo está procesando más de lo habitual y se encuentra abrumado. Tal vez estés buscando qué hacer o qué acción tomar, pero lo que realmente necesitas es amabilidad, paciencia, expectativas realistas y mucha autocompasión.

PARA TU REFLEXIÓN

Ejercicio de ajuste de expectativas

1. Vuelve a la lista donde enumeré los síntomas. Marca con una tilde cada síntoma que se aplique a ti. Escribe cualquier otro que estés experimentando y no aparezca en la lista.

2. Tómate ahora unos minutos para considerar que, durante un tiempo, tu capacidad para hacer lo que normalmente harías va a estar limitada. ¿Sigues esperando lo mismo de ti? ¿Te estás presionando o utilizas tu voz interior para criticarte y reprenderte por no poder "vivir la vida" como lo hacías antes de la traición?

3. Escríbete a ti misma una carta, plasmando las expectativas que mantienes contigo en este momento. ¿Cómo vas a ser más paciente y amable contigo misma? ¿Qué significará tener expectativas realistas y compasivas durante este periodo? ¿En qué situaciones necesitas decir *no* a los demás, para poder cuidarte?

3

MONTAÑA RUSA EMOCIONAL

Tras el descubrimiento, de repente estarás montada en una montaña rusa emocional de pensamientos y sentimientos extremos que cambian rápidamente. En un momento te sentirás esperanzada y pensarás que la cosa va bien. Al minuto siguiente sentirás que tu mundo se acaba y que te estás desmoronando. Puede que un momento odies a tu pareja y al siguiente sientas que la amas profundamente. Puede que te acuestes sintiendo que quieres seguir en la relación y echarle ganas para resolver las cosas, pero que al despertar solo estés buscando la forma más rápida de terminar las cosas.

Estos cambios abruptos de la esperanza a la desesperación, de la calma a la rabia, de la certeza a la confusión y del miedo a la estabilidad, pueden hacerte sentir que estás perdiendo la cordura. A todo esto se suma que, mientras te atraviesan, cada emoción intensa y cada reacción se sienten profundamente reales y verdaderas.

Todo esto es normal. Las personas traicionadas experimentan un montón de emociones intensas sobre la traición, mucha confusión respecto al camino a seguir. El cerebro humano solo puede procesar una emoción a la vez. Por eso puede parecer que tus sentimientos cambian de un segundo a otro: es tu cerebro procesando las emociones una por una, para que todas puedan sentirse y atravesar tu cuerpo.

Permite que tus emociones vayan y vengan

Durante esta etapa, una de las cosas que trabajo con mis pacientes es cómo permitir que sus emociones vayan y vengan. Esto significa darte permiso para sentir lo que estás sintiendo, observarlo, ponerle nombre y dejar que te atraviese sin aferrarte a ello.

Puede que te descubras pensando: *Estaba tranquila, pero luego recordé cuando encontré los recibos de hotel en la billetera de mi esposo y ahora estoy realmente enojada.*

Este tipo de proceso puede parecer demasiado simple, pero funciona. Porque al notar y nombrar lo que está ocurriendo, te das permiso para sentir tus emociones y así validas tu propia realidad.

En cambio, aferrarse a las emociones implica actuar sobre ellas antes de esperar a ver si son verdaderas y duraderas, o si simplemente están de paso. Cuando te aferras demasiado, es más probable que actúes desde la emoción en lugar de pensar qué es lo mejor para ti y para tu familia.

Estaba hablando con una de mis clientas sobre cómo relacionarse con sus emociones de forma más libre, y ella dijo algo increíblemente honesto y revelador: "Tomar una decisión te hace sentir poderosa; cualquier decisión; no me importa cuál. Me saca de ese lugar que me hace sentir impotente. Quiero *hacer algo*, incluso si es lo incorrecto o resulta ser algo de lo que me arrepienta después."

Este impulso de actuar es muy fuerte en las personas traicionadas, porque quieren escapar del dolor y la incertidumbre lo antes posible. Buscan una manera de aliviar el malestar.

Lamentablemente, en el proceso de enfrentar la traición, muchas veces se toman decisiones que terminan causando más daño que bien, tanto a sí mismas como a sus familias.

La realidad es simple: en esta etapa inicial de sanación, la mayoría de las personas traicionadas todavía no saben dónde van a aterrizar emocionalmente después de reunir toda la información y procesar lo que ha ocurrido.

Evitar el caos innecesario

Cuanto más te aferres a tus sentimientos durante esta etapa, más peligrosa y salvaje resultará ser la montaña rusa emocional; y por ende provocará más caos en tu vida.

Por ejemplo, si una mañana te despiertas sintiéndote desesperanzada y con ganas de terminar la relación, aferrarte a esa emoción podría significar decirle a tu pareja que todo se acabó, llamar a un abogado especialista en divorcios y cancelar la sesión de terapia de pareja. Sin embargo, esa misma tarde podrías notar que ya no te sientes tan desesperada por dejar la relación. En cambio, tal vez empieces a sentir algo de esperanza de que, al fin y al cabo, sí puedan resolverlo juntos. En ese momento, probablemente lamentes los pasos que diste por la mañana y desees no haber actuado con tanta prisa.

Aferrarte a tus emociones invita al caos en tu vida y te lleva a gastar una enorme cantidad de energía emocional, física y mental en pensamientos y sentimientos que cambian rápidamente. Aunque puedan ser intensos y abrumadores, estos pensamientos y emociones suelen ser temporales: van a transformarse y cambiar con el tiempo.

Las muchas emociones que se mueven por tu cuerpo

son la forma que tiene tu cerebro de intentar procesar lo que ha ocurrido, y también de organizar las cosas para que puedas encontrar un camino a seguir. En lugar de aferrarte a una emoción concreta y dejarte llevar por ella, intenta decirte: "En este momento siento que quiero salir de la relación, pero no sé si esta es la decisión que realmente me conviene. Así que, por ahora, voy a observar cómo me siento y pacientemente veré qué pasa con eso. Está bien no saber todavía qué decisión tomar."

PARA TU REFLEXIÓN

Ejercicio de escritura

La montaña rusa emocional de la traición sexual puede ser confusa y caótica, porque tus emociones cambian muy rápidamente. Piensa en alguna vez que te aferraste a tus emociones del momento y tomaste decisiones o acciones basadas en ellas.

- ¿Qué sentías?
- ¿Qué comportamientos adoptaste basándote en esos sentimientos?
- ¿Cuáles fueron los resultados?
- ¿Hubo consecuencias negativas, como un aumento del caos, de los conflictos o del dolor?

Ahora piensa en una ocasión en la que lograste permitir que tus emociones fueran y vinieran, un momento en el que sabías que estabas teniendo una reacción intensa ante algo, pero también eras consciente de que era una cuestión pasajera y que tus sentimientos al respecto podían cambiar.

- ¿Pudiste sentir tus emociones pero no actuar impulsivamente?
- ¿Qué sentías?
- ¿Qué ocurrió?
- ¿Qué consecuencias positivas experimentaste al ser consciente de tus emociones, observándolas desde afuera mientras esperabas que pasaran o cambiaran?

4

FRAGMENTACIÓN DE LA REALIDAD

Descubrir la conducta sexual secreta de tu pareja es una de las experiencias de traición más impactantes que puedes vivir. Ya sea una infidelidad o un patrón de conducta sexual mantenido durante mucho tiempo, la devastación que provoca descubrir que tu pareja no es quien creías que era, y que tu relación no es lo que pensabas, puede dejarte sin aliento emocional. Cuando a ese descubrimiento se suma la experiencia de haber sido engañada y manipulada, el trauma se intensifica y se vuelve aún más profundo.

Al principio, muchas personas no pueden creer que lo que están viendo u oyendo sea real. Piensan: *¿Cómo puede estar pasando esto? ¿De verdad la persona a la que he amado, con la que he vivido y junto a la que he construido una vida, me ha estado mintiendo de esta manera? ¿Realmente me ha traicionado mi pareja de una forma tan desgarradora y chocante?*

La primera reacción de la mayoría de las personas traicionadas es la incredulidad; les cuesta asimilar la traición y comprender lo ocurrido. Sienten una profunda desorientación al verse obligadas a integrar información que cambia por completo su comprensión de la realidad. Hace poco, una clienta me dijo: Intentaba convencerme de que lo que estaba viendo era real, pero no lograba sostenerlo en mi mente. Algo dentro de mí quería apartarlo."

La fragmentación de la realidad

Esta experiencia de luchar por comprender lo que ha ocurrido se llama *fragmentación de la realidad*. La fragmentación de la realidad es cuando descubres que la realidad que creías estar viviendo era una ficción. De hecho, estabas viviendo en una realidad completamente distinta... pero no lo sabías.

Una de mis clientas, que se encuentra en esta primera fase de la fragmentación de la realidad, me dice constantemente: "Mi marido y yo teníamos un matrimonio estupendo. Estábamos emocionalmente conectados, teníamos intimidad, sexo apasionado y estábamos locamente enamorados el uno del otro. ¿Cómo pudo estar desconectado y distraído sin que yo lo supiera? No tiene sentido".

Mientras tanto, ella ha descubierto que, cuando conoció a su marido, él ya tenía conductas sexuales compulsivas fuera de la relación. Miraba pornografía de manera obsesiva, contrataba prostitutas, enviaba mensajes a desconocidas por Internet y visitaba salones de masaje.

Para esta clienta, la conexión emocional con su marido era real y mejor que cualquier otra relación que hubiera tenido antes. Pensaba que estaban profundamente unidos, que se eran fieles y que ambos se sentían seguros en su vínculo afectivo y romántico. Cuando descubrió la vida sexual secreta de su marido, todo lo que creía saber se vino abajo. Ahora está revisando su relación y tratando de entender lo ocurrido. Se pregunta: "¿Cómo pude sentirme tan segura mientras mi marido pasaba horas al día actuando sus compulsiones sexuales? ¿Cómo pude pensar que estaba presente conmigo, atento y alineado conmigo emocionalmente, cuando todo ese tiempo llevaba una vida sexual secreta?"

Sala de los espejos

Para quien ha sido traicionado por su pareja, la fragmentación de la realidad es como vivir en una sala de espejos. Cada espejo refleja un fragmento, pero esos fragmentos no parecen relacionarse entre sí ni tener sentido. Un espejo muestra la imagen de tu cónyuge con una prostituta. Otro refleja una imagen de los dos haciendo el amor y sintiéndose profundamente conectados. Un tercer espejo contiene una imagen de las conversaciones que tuvieron sobre sus metas y sueños. El cuarto refleja una imagen del uso compulsivo de la pornografía y la masturbación. Un quinto muestra a tu pareja como buen padre o madre; y así sucesivamente. Tras el descubrimiento, puede que te encuentres atrapada en esta sala de espejos, incapaz de encontrarle sentido a las mentiras y traiciones fragmentadas.

Para complicar las cosas, quizá no recibas la verdad de una sola vez. En cambio, puede que te llegue con cuentagotas. Por ejemplo, acaso tu cónyuge te diga que la infidelidad fue solo una relación emocional. Luego tal vez confiese que sí, que hubo sexo, pero solo una vez. Puede que más tarde revele que la relación fue sexual durante más de seis meses, con contacto diario. Este goteo de información aumenta tu desorientación. Apenas logras darle sentido a la información actual, y viene otra oleada de datos que te inunda, borrando la versión anterior de la verdad y sumiéndote de nuevo en un caos fragmentado.

Una de las cosas más dañinas que una persona puede provocar en otra es hacerla dudar de su capacidad para percibir la realidad con precisión. La fragmentación de la realidad y la desorientación resultante hacen que las personas traicionadas sientan que están perdiendo la cabeza. Una de mis clientas, recordando esta primera etapa, me dijo: "Pensé que me estaba volviendo loca. Pensé que realmente estaba perdiendo la razón".

Cuando te encuentras en una situación que desestabiliza tu funcionamiento emocional, físico y mental, confiar en cualquiera se convierte en todo un reto. Mientras buscas desesperadamente un poco de tierra firme en la que apoyarte, intentando no hundirte en las arenas movedizas en que se ha convertido tu vida, resulta difícil saber a quién acudir en busca de consejo y apoyo emocional. Al fin y al cabo, antes creías estar sobre tierra firme pero resultó ser un sumidero. Así que ahora te parece casi imposible confiar en tu pareja, en los demás o incluso en ti misma.

Ayuda y apoyo

Sin embargo, obtener ayuda en este momento es algo fundamental. Necesitas que ese apoyo, esa sabiduría, atención y amabilidad fluyan de otros hacia ti. A continuación te sugiero algunas formas de cuidarte en medio de la fragmentación de la realidad.

1. Es importante encontrar un terapeuta capacitado que tenga experiencia en las etapas típicas que atraviesan las personas y las parejas después de una traición. Te recomiendo que busques un terapeuta que comprenda de qué manera han dañado tu capacidad de confiar y

que pueda ayudarte a lidiar con tu
fragmentación de la realidad. Ten cuidado con
los terapeutas que quieren apresurarse a
reparar la relación antes de que se haya
revelado toda la historia de la traición. Esto
puede provocar más heridas y aumentar la
desconfianza, no solo hacia tu pareja sino
también con el terapeuta que te presionó para
que te mostraras vulnerable antes de que fuera
seguro hacerlo.

2. Encontrar un terapeuta formado en el
   tratamiento de la adicción sexual puede ser útil.
   Los Terapeutas Certificados en Adicción al Sexo
   (CSAT, por sus siglas en inglés) tienen una
   amplia formación sobre cómo manejar las
   primeras etapas tras el descubrimiento. También
   están capacitados para ayudar a las parejas a dar
   y recibir una divulgación completa de los
   comportamientos secretos de una manera que
   minimice el daño. Además, pueden identificar la
   presencia de comportamientos sexuales
   compulsivos, ayudando a determinar si se trata
   de infidelidad, adicción sexual, adicción al amor
   u otra problemática.

3. Además de encontrar ayuda capacitada y con
   experiencia, es importante rodearte de amigos de
   confianza con quienes hablar. Una de las formas
   de salir de la sala de los espejos es separar la
   verdad de las mentiras. Hablar de lo que ha
   sucedido, de lo que sabes y de lo que estás
   descubriendo, con amigos que te escuchen y te

ofrezcan apoyo sin juzgarte, es sumamente importante en estos momentos.

4. Otra forma de analizar lo ocurrido es escribir un diario. Durante estos momentos emocionalmente dolorosos es fácil confundirse y olvidar información. Escribir lo que pasa te proporciona un registro al que recurrir. El proceso de escribir también ralentiza tu mente, lo cual te ayuda a recordar la verdad. Además, llevar un diario te ofrece un lugar donde verter todas las emociones que te invaden y poner en palabras tus respuestas a las grandes preguntas que inevitablemente surgen durante esta etapa.

Mi última sugerencia para ayudarte a lidiar con la fragmentación de la realidad es que te abras a aprender nueva información y a pensar sobre las cosas de modos novedosos. Para ilustrarlo, volvamos por un momento a la clienta que mencioné antes, la mujer que acababa de enterarse de que su relación no era lo que ella creía.

Esta persona ha venido repitiéndose durante mucho tiempo una narrativa sobre ella, su cónyuge y su historia de amor. Ahora, esta narrativa ya no tiene sentido: deja de tenerlo cuando se considera la otra parte de la historia, la parte secreta que antes ella desconocía. Entonces se enfrenta a la necesidad de abandonar su relato, lo que significa abandonar algo que le parecía seguro y predecible. Debe averiguar cuál es la verdadera historia. Necesita saber y aceptar lo que realmente ha ocurrido entre ella y su cónyuge.

Si se aferra a su antigua narrativa y no encuentra la manera de abrirse y hacer preguntas difíciles, nunca sabrá lo que realmente ha estado ocurriendo en la relación. Se perderá la oportunidad de descubrir que existe un nivel de conexión y de vínculo seguro en las relaciones, algo que no había experimentado antes; y que está al alcance de ella y de su cónyuge si logran sanar las heridas. Y lo que es más importante, se perderá la oportunidad de conocerse a sí misma y de crecer de un modo que le aportará nuevas libertades y alegría a su vida.

Aunque siempre da miedo dejar atrás algo que se sentía seguro o al menos familiar, el soltar es lo que abre espacio para que entre algo nuevo; y a menudo es esto lo que permite cambiar el curso de tu vida de una forma sorprendentemente positiva.

PARA TU REFLEXIÓN
Ejercicio de escritura

Describe cómo te sentías en tu relación antes de experimentar el trauma por traición.

Describe cómo te sientes en tu relación, después de haber sufrido un trauma por traición. ¿Qué es diferente para ti hoy?

Ejercicio para integrar la fragmentación de la realidad

Debido a que las personas traicionadas experimentan la fragmentación de la realidad junto con el shock y los estados de agobio corporal, puede que resulte difícil retener la información que ha salido a la luz o recordar las cosas que han ocurrido. La mente puede saltar y divagar, lo que dificulta la construcción de una narrativa coherente que puedas asimilar e integrar en tu experiencia.

Este ejercicio está diseñado para ayudarte a captar los retazos de información que revolotean en tu mente y a convertirlos en una imagen completa y una historia que puedas empezar a procesar. Si te sientes abrumada considera la posibilidad de hacer este ejercicio en el consultorio de tu terapeuta y con su apoyo.

1. Toma un trozo grande de papel en blanco y rómpelo en varios trocitos. Escribe en cada trocito uno de los fragmentos de información nueva que has descubierto; pero focalízate solo en los hechos que conoces, no las cosas que sospechas o temes. Una vez que hayas escrito cada dato en su respectivo trocito de papel, extiéndelos por el suelo y tómate tu tiempo para mirarlos. ¿Qué notas? ¿Qué información te aportan los distintos fragmentos? ¿Aprendes algo nuevo? ¿Qué se está volviendo más claro? ¿Hay fragmentos que pertenecen a un mismo grupo?

2. Ahora toma más trocitos de papel en blanco y escribe en cada uno de ellos una emoción que sientas en relación con la información que tienes delante (triste, enfadada, confusa, traicionada, horrorizada, asustada, etc.). Cuando hayas terminado, siéntate y observa la imagen que has creado y asimílala visualmente. ¿Qué estás aprendiendo? ¿Qué sentimientos afloran? Algunas personas traicionadas, cuando ven que esta imagen toma forma, se sienten aliviadas porque la traición

empieza a sentirse contenida. La imagen tiene bordes y se vuelve comprensible y nombrable. Una empieza a sentir que las piezas están en un lugar fijo en lugar de flotar caóticamente en una maraña que gira sin cesar. Para otras personas traicionadas, esta imagen les ayuda a ver las diferencias entre lo que saben y lo que no saben; les facilita identificar las partes que no tienen sentido. Aunque puede que esto genere temor, también les muestra que necesitan más información de su pareja.

3. Una vez completado este ejercicio, toma un papel grande en el que puedas pegar el mosaico o sácale una foto. Querrás poder consultarlo cuando te sientas desconectada o atrapada en la fragmentación de la realidad. También podrás añadirle nuevos fragmentos en caso de que aparezca más información en el futuro.

ATANDO CABOS

Después de descubrir la traición, y a medida que comienzas a atar cabos sobre las mentiras y los secretos en tu relación, es probable que atravieses un período en el que te inunden los recuerdos y las emociones. Viejas intuiciones molestas —esas sensaciones persistentes de que algo no estaba bien— pueden resurgir de forma inesperada mientras vas completando las piezas que faltaban.

Aquel viaje de aniversario a Hawái en el que desapareció toda una tarde sin una explicación convincente... ¿Estaba con una prostituta? La falta de interés sexual por parte de ella... ¿Era porque había estado con él? Las muchas veces que te dijo que tenía que bajar a trabajar en la computadora... ¿Estaba viendo pornografía y masturbándose? Aquellas veces en las que recibiste regalos extravagantes sin motivo aparente... ¿Era porque tu pareja se sentía culpable?

Piense en Elaine, que hace poco descubrió el historial de infidelidades de su marido. "El otro día me enteré de que, cuando me estaban operando en el hospital, mi marido se fue de allí para estar con su amante. Entonces me pregunté por qué no se quedaba conmigo. Le rogué que permaneciera a mi lado porque estaba sufriendo mucho y lo necesitaba, pero me dijo que no podía y se fue. Se fue con ella."

A medida que los recuerdos se agolpan, las sogas que los entrelazan empiezan a atar un cabo con otro. Signos e indicios que antes no estaban claros ahora parecen evidentes. La conmoción, el dolor y la rabia surgen como olas durante esta fase porque cada recuerdo o revelación se siente como una nueva traición.

Estas realizaciones y conexiones suelen suceder en momentos totalmente aleatorios. Puedes estar en la cola del supermercado y, de repente, dos más dos se convierten en cuatro. Acaso escuches un fragmento de conversación y, súbitamente, un dato encaja en su sitio y revela que *esto* debe significar *aquello*.

Durante este periodo, es importante que te ciñas a los hechos que conoces. Como tienes mucho miedo y tu cuerpo está en un estado de hipervigilancia, es fácil imaginar cabos que no existen o atar cabos que no van juntos. Una forma de ayudarte con esto es centrarte en procesar lo que *sabes* en lugar de lo que podrías no saber. A veces, la búsqueda desesperada de más información no es más que una forma de evitar el dolor de lo que ya sabemos.

Esta fase de atar cabos puede parecer interminable, como si las revelaciones nunca fueran a terminar; pero sí tiene un final. Mientras atraviesas esta etapa, recuerda recurrir a las herramientas que tienes: hablar con personas que te apoyan, trabajar con tu terapeuta, escribir en tu diario, llorar, respirar y ser amable contigo misma. Esta fase de recuperación es un fenómeno limitado en el tiempo, y a la larga estas nuevas puñaladas de traición dejarán de aparecer. Cuando eso ocurra, comenzará tu verdadera sanación.

· · ·

PARA TU REFLEXIÓN

Ejercicio de escritura
¿Qué cabos has logrado atar desde que descubriste la traición en tu relación? ¿Cuáles de esas cosas que antes resultaban confusas de pronto empezaron a tener sentido?

¿Puedes distinguir entre aquellos datos reales que te permiten atar cabos y generar una nueva comprensión, y esos momentos en los que el miedo se intensifica y crea conexiones imaginarias que no son verdaderas? ¿En qué se diferencian estas dos experiencias?

6

TODA MI RELACIÓN ES UNA
MENTIRA

Junto con la avalancha de recuerdos y el proceso de atar cabos, es posible que sientas que nada en tu relación merece confianza. A medida que se revela la magnitud y profundidad de las mentiras, la traición se intensifica. El dolor causado por las mentiras y los secretos suele sentirse aún más profundo que el dolor provocado por las conductas sexuales. A menudo imagino esas conductas sexuales como el tronco visible de un árbol, mientras que las mentiras y los secretos forman un sistema de raíces complejo que se extiende hasta lo más profundo del suelo de la relación. Como resultado, se siente como si los cimientos mismos de tu vínculo estuviesen impregnados de engaños y traición.

Una de mis clientas me dijo: "Cuando descubrí lo que había hecho mi marido, él empezó a parecerme siniestro". Me explicó que no sabía quién era, que no entendía cómo podía haberse comportado así. Creía conocerlo pero se dio cuenta de que en realidad no era así, y eso le resultaba inquietante. Había construido una vida junto a alguien que creía conocer, pero que en realidad llevaba una vida oculta.

Esta revelación vuelve difícil distinguir lo bueno de lo malo dentro de la relación, y refuerza la sensación de que todo ha quedado contaminado por mentiras y secretos.

Cuando "ver todo como malo" parece más seguro

Resulta tentador, en lo mental y emocional, tirar las frutas frescas con las podridas. Parece más seguro convencerse de que tu pareja es una mala persona que enfrentarse al hecho de que es alguien esencialmente bueno que ha hecho cosas dañinas. Si piensas que es completamente malo, puedes protegerte alejándote y levantando un muro. Si todo es malo, al menos es predecible: puedes anticipar la decepción y, al hacerlo, tal vez te duela un poco menos cuando llegue.

Lo mismo ocurre con tu relación. Si decides que toda la relación era una mentira, parece más seguro simplemente abandonarla. Reconocer que tu pareja realmente te ama, que han compartido recuerdos hermosos, que en el pasado estuvo presente para ti de formas significativas, puede resultar mucho más doloroso y confuso que alejarte. Porque si todo eso fue real, entonces la traición duele aún más. Por eso, es tan tentador desechar todo el vínculo y descartar también las partes amorosas y positivas.

El problema de ver todo como completamente malo es que terminas perdiendo más de lo que ganarías si haces el trabajo —difícil, pero necesario— de procesar lo que ocurrió. Tal vez logres protegerte emocionalmente en el corto plazo y minimizar el riesgo de más dolor, pero hay un costo. Pierdes la verdad de tu relación y también aquello valioso que hubo en ella. La mayoría de las relaciones, incluso las más marcadas por el conflicto, tienen aspectos positivos. Entonces, si decides que todo tu vínculo fue una gran mentira, en el fondo estás cambiando una forma de engaño por otra.

Clasificando la relación

Esto es lo que les digo a mis clientes cuando llegan a este punto: imaginen su relación como un enorme montón de trastos. Es una pila caótica, y solo Dios sabe qué rayos está enterrado ahí. En las próximas semanas, tú y tu pareja van a empezar a revisar ese montón. Puede que encuentren cosas desagradables, impactantes y probablemente desgarradoras. Tendrán que separar todo eso del resto y decidir qué significa para ustedes.

También encontrarán algunos tesoros: cosas valiosas, sorpresas que les recuerdan por qué se aman. Puede que vengan oleadas de nostalgia, incluso de alegría. Nuevamente, tendrán que separar esos elementos para descubrir qué significado tienen para ustedes.

A medida que avancen en este proceso, poco a poco irán obteniendo claridad y comprensión sobre lo ocurrido, lo que eso representa para ustedes y cuál puede ser el camino hacia adelante. Verán aspectos positivos de la relación que querrán conservar y aspectos disfuncionales que querrán transformar. Tal vez decidan quedarse en la relación por ahora, para ver qué posibilidades ofrece la recuperación. O tal vez descubran que necesitan dejarla. Sea cual fuere el camino que elijan, si pueden esperar a haber revisado el montón por completo, ganarán claridad y tomarán decisiones más acertadas para ustedes mismos.

PARA TU REFLEXIÓN

Ejercicio de escritura

¿Has notado que, sin darte cuenta, empezaste a pensar que tu pareja es "completamente mala" y que la relación fue "toda una mentira"? Si es así, ¿qué *obtienes* al hacerlo? Por ejemplo, ¿te hace sentir más seguro? ¿Te da una sensación de mayor previsibilidad?

¿Qué *pierdes* si decides que tu pareja y tu relación fueron "todo malo" o "una mentira total"? ¿Qué rasgos positivos de tu pareja o aspectos positivos de tu relación se pierden o se pasan por alto? Cuando dejas de ver esos rasgos positivos, ¿cómo te afecta? Y en consecuencia, ¿cómo te sientes contigo misma, con tu pareja y con la relación?

7

¿DE QUIÉN ES LA VERGÜENZA?

Cuando descubres una traición en tu relación, puede que te sientas abrumada por la vergüenza. Por lo general, esa vergüenza nace de un miedo secreto: el temor de que alguna carencia en ti haya llevado a tu pareja a buscar fuera una experiencia sexual. Tal vez temas que, si otros se enteran de la infidelidad, te juzgarán como un cónyuge o compañera inadecuada. Puede que te preocupe que tus relaciones con familiares y amigos íntimos se vean afectadas. También podrías temer que, si a tu pareja se le diagnostica adicción sexual, la etiqueten de perversa.

La mayoría de las personas traicionadas se sienten terriblemente aisladas por esa vergüenza, como si tuvieran un secreto que no pueden compartir. Una de mis clientas lo expresó así: "Dejas de conectar con la gente porque ya no eres como ellos. Te inunda un enorme sentimiento de aislamiento, confusión y rabia".

La vergüenza lleva a muchas personas traicionadas a guardar silencio sobre la infidelidad, la adicción sexual y las conductas asociadas. Sienten que no pueden contarle a nadie lo que han descubierto ni lo que están atravesando.

Como resultado, participan involuntariamente en la perpe-tuación de los secretos. Por eso, una de las prioridades en las primeras etapas del proceso de recuperación es buscar apoyo en otros. Si la persona traicionada siente que no puede hablar con nadie y opta por sufrir en silencio, eso perpetúa el velo de mentiras y secretos de la pareja infiel, y prolonga el dolor de la traición.

En el otro extremo, hay quienes, tras ser traicionados, toman un megáfono imaginario y ventilan su intimidad ante todos los que puedan escuchar. A menudo, esta expo-sición pública es una forma sutil (o no tan sutil) de venganza, impulsada por la rabia que sienten. También suele ser un intento inconsciente de rechazar la vergüenza que los invade. El avergonzar a otros como método para intentar lidiar con la vergüenza propia, es algo muy humano.

Lamentablemente, ese tipo de conducta no alivia la vergüenza. Peor aún: puede causar daños relacionales que tarden años en repararse. Por ejemplo, una de mis clientas le contó a su familia todo sobre el comportamiento de su esposo antes de pensar en cómo iban a reaccionar. Cinco años después de una recuperación sólida, su familia sigue sin querer saber nada de él. Esto le genera una presión enorme, pues tiene que hacer malabares con el vínculo con su esposo y también con el de ella y su familia.

La necesidad de superar la vergüenza y el aislamiento de una manera sana y constructiva es la razón por la que es tan importante que busques ayuda externa y te conectes con una comunidad de apoyo. Necesitas personas que comprendan el trauma que implica una traición y que puedan orientarte en un proceso de sanación y transforma-ción. Necesitas sentarte en un espacio junto a otras personas que han vivido lo mismo que tú, donde puedas compartir esos secretos vergonzosos y descubrir que, al nombrarlos, la vergüenza comienza a disiparse.

PARA TU REFLEXIÓN

Ejercicio de imagen de la vergüenza
1. Dibuja una imagen de la vergüenza que sientes por la traición. Si tu vergüenza tuviera un color, ¿cuál sería? Si tuviera una forma, ¿cuál sería? Si tuviera una textura, ¿cuál sería? ¿Es sólida, líquida, gaseosa, pesada, suave, punzante, etc.?

2. Ahora que tienes una imagen de tu vergüenza, siéntate un momento y contempla esa imagen. ¿Te pertenece esa vergüenza? ¿Es algo que deseas conservar y cargar contigo, o preferirías soltarla?

3. A veces, cargar con la vergüenza puede traer beneficios secundarios que no percibimos de forma consciente, como evitar que tomemos riesgos en nuestras relaciones con los demás. ¿Existe algún beneficio oculto que obtienes al cargar con tu vergüenza? ¿Qué ganarías si la soltaras?

4. Cuando estés lista, toma la imagen de la vergüenza que dibujaste y libérala simbólicamente de algún modo. Algunos de mis clientes la han quemado, la han dejado flotar sobre un pedazo de corteza en un arroyo, la han enterrado o la han hecho pedazos y tirado a la basura. Haz lo que te parezca más adecuado.

8

UNA EXTRAÑA EN EL ESPEJO

Cuando recién me enfrentaba al trauma por traición, apenas lograba reconocerme. La mujer competente, divertida y centrada que yo conocía había desaparecido, y en su lugar había una extraña: rota, ansiosa y quebrada. Esta extraña lloraba todo el tiempo, se enfurecía como una maniaca, estaba agotada y deprimida, no podía concentrarse y se sentía desesperada. Me miraba al espejo y pensaba: *¿Qué me está pasando? ¿Cómo llegué a convertirme en esta persona?*

Después de una traición, acaso una sienta como si otra persona hubiera tomado el control de tu cuerpo emocional y físico. De repente, no te reconoces. Jamás habías tenido ataques de pánico y te suceden a diario. Nunca le habías gritado a tu pareja como lo hiciste esta mañana, ni habías sentido la rabia y el odio que explotan en tu interior desde que te enteraste de todo. Jamás habías huido de la vida, pero ahora te cuesta incluso enfrentar el día.

Este cambio tan abrupto en la imagen que teníamos de nosotras mismas genera una pérdida doble. No solo estamos de duelo por quien creíamos que era nuestra pareja;

también estamos de duelo por nosotras mismas. Y, lamentablemente, muchas veces lo que sentimos que hemos perdido son nuestras mejores partes: esa versión divertida, relajada, generosa, abierta, juguetona. Y lo que empieza a emerger es un costado oscuro y ansioso que quizá ni sabíamos que existía. Esto puede desorientar profundamente, porque dejamos de sentirnos confiables. Nuestras reacciones habituales han desaparecido y, en su lugar, aparecen reacciones nuevas, impredecibles y ajenas.

Un regalo oculto

Aunque esta desorientación del yo resulta difícil y aterradora, también encierra —por increíble que parezca— un regalo oculto. Ese regalo es que empezamos a conocernos mucho mejor. Nos volvemos más conscientes de lo que somos capaces, tanto en un buen como en un mal sentido.

Descubrí que puedo enfrentar mucho más de lo que jamás imaginé, que tengo reservas de fuerza y resiliencia disponibles cuando más las necesito, que tomo buenas decisiones en situaciones límite, que puedo atravesar circunstancias sumamente dolorosas con gracia y dignidad, que soy tozudamente persistente. También descubrí que hay en mí pozos profundos de rabia que desconocía antes de la traición. Puedo ser cruel, vengativa y pelear con las malas artes de un veterano peleador callejero. Y lo peor: pueden herirme de formas que tardan mucho en sanar.

Todos somos capaces de actos de valentía gloriosa y también de causar un daño terrible. Parte de la madurez consiste en reconocer que en nosotros coexisten la dignidad y la miseria. Como persona traicionada, hoy estás en medio de una gran adversidad. Eso significa que, te guste o no, ya has iniciado un camino de autodescubrimiento obligatorio. Tal vez sientas que perdiste tu verdadero yo, que ya no sabes quién eres. La buena noticia es que, a medida que sanes, vas a descubrir partes de ti que llegarás a valorar y atesorar por el resto de tu vida.

PARA TU REFLEXIÓN

Ejercicio de escritura

Tras una traición, puede sentirse como si alguien más hubiera tomado el control de tu cuerpo emocional y físico. ¿Qué partes de ti sientes que has perdido de vista a raíz del trauma por traición? ¿Qué partes de ti estás empezando a descubrir gracias a esta experiencia dolorosa?

NEGAR LA REALIDAD

Al enterarse de una infidelidad, muchas mujeres recurren a una de las formas más comunes de sobrellevar el trauma: negar lo ocurrido, esconderlo bajo la alfombra. Esto es muy distinto a hacer una pausa emocional para ir a buscar a tus hijas al colegio, hacer las compras o cumplir con una entrega urgente en el trabajo. Este sí es un mecanismo útil, sano y necesario para poder seguir funcionando.

Aquí hablamos de algo diferente: de olvidarse por completo de que tu pareja fue infiel o de que tiene una adicción sexual; de borrar de la conciencia las traiciones que salieron a la luz porque vivir con esa realidad se vuelve insoportable. Por ejemplo, mi clienta Kim llegó a su sesión y empezó a hablar de cómo se sentía cuando su esposo tenía conductas sexuales compulsivas. Lo relataba como si hablara de algo que hubiera ocurrido hacía años, pero su esposo llevaba apenas dos semanas sobrio. Otra clienta, Mary, contó que había tenido relaciones sexuales sin protección con su esposo el día anterior. Cuando le recordé que aún estaban esperando los resultados de sus análisis de VIH y otras ITS —porque él había tenido sexo sin protección con trabajadoras sexuales—, me miró conmocionada. Lo había olvidado por completo.

Guardar bajo llave información tan dolorosa es algo comprensible; la tentación de hacerlo es enorme. Pero si logras darte cuenta de esta tendencia y trabajas para mantenerte conectada con la realidad, vas a poder cuidarte y protegerte mejor.

Cuando niegas información importante, dejas de saber qué necesitas, qué límites son adecuados, cómo protegerte o cuál es el mejor camino a seguir, porque estás funcionando sin todos los datos. Es como si te faltara uno de los sentidos: puedes oír pero no ver, o ver pero no oler. Eso te limita.

Para ayudarte a estar presente y conectada con lo que sabes, te sugiero que uses tu diario para escribir lo que vas descubriendo, que hables del tema para poder procesarlo y que les pidas a amigas de confianza que te ayuden a recordar si notan que lo estás olvidando. Estas y otras herramientas pueden ayudarte a mantenerte conectada con tu realidad —incluso cuando duela.

PARA TU REFLEXIÓN

Ejercicio de escritura
¿Qué has estado bloqueando, pues enfrentarlo te resulta demasiado abrumador?

¿Qué se siente al llevar esa información a tu conciencia? ¿Qué emociones aparecen?

Por lo general, bloqueamos ciertas cosas porque nos

perturban y sentimos que sobrepasan nuestra capacidad de afrontarlas. ¿Qué tipo de apoyo podrías necesitar para comenzar a enfrentar y procesar aquello que has estado dejando de lado?

ME SIENTO COMO UNA REVERENDA TONTA

Una de mis clientas trajo un collage que había creado para representar su experiencia con el trauma por traición. En el centro del collage, con grandes letras en mayúscula, había pegado la frase: SOY UNA CHICA ESTÚPIDA. Cuando le pregunté al respecto, me habló de lo tonta que se sentía por haber creído las mentiras que le había dicho su esposo.

No es la única que se siente así. Todas las clientas con las que he trabajado han hablado en algún momento de sentirse unas tontas al descubrir la conducta sexual de su pareja. Sienten que su confianza fue utilizada en su contra. Sienten vergüenza por haber confiado en alguien que no era digno de confianza. Se enfadan consigo mismas por haber dado el beneficio de la duda a quien no lo merecía. Piensan que deberían haberlo sabido. Y no solo dejan de confiar en su pareja; también dejan de confiar en sí mismas.

Lo que ocurre aquí es que, en lugar de responsabilizar a la pareja por las mentiras y el engaño, la traicionada se culpa por haber confiado. Y al hacerlo, traslada la culpa de la traición hacia sí misma. Se reprocha a sí misma lo que en realidad es responsabilidad de la otra persona. Carga con la vergüenza y la culpa que le pertenecen a su pareja.

Pero hay otra opción: hacer responsable a quien fue infiel.

En lugar de volcar tu dolor contra ti misma y llamarte cruelmente tonta, puedes empezar a exigirle responsabilidad a tu pareja. Puedes responsabilizar a quien ocultó secretos y mintió. Al hacer esto, reconoces que tu confianza y esperanza en la relación provenían de una parte valiosa de ti. No fuiste tonta por esperar lo mejor ni por querer darle a tu pareja el beneficio de la duda. De hecho, esa buena voluntad es precisamente lo que hace posibles las relaciones verdaderas.

En vez de llamarte tonta, tal vez necesites admitir que te sientes triste, herida, traicionada y decepcionada. A veces, es más fácil enojarte contigo que enfrentar sentimientos aun más dolorosos. Sin embargo, responsabilizar a tu pareja en vez de culparte a ti misma es una forma mucho más compasiva de procesar lo que estás sintiendo. Y además, coloca la responsabilidad de la traición en el lugar que le corresponde.

PARA TU REFLEXIÓN

Ejercicio: no eres una tonta

Escribe una nota breve para la parte de ti que se siente como una tonta. Redáctala desde esa parte tuya que es capaz de actuar como una madre amorosa contigo misma. ¿Qué quieres decirle a la parte que se siente como una tonta? ¿Qué necesita oír esa parte de ti? ¿Cómo puedes afirmar esa capacidad de confiar y de ver lo positivo en tu pareja, tal como existía antes de enterarte de la traición?

11

¿ES CULPA MÍA?

No. Es. Tu. Culpa. Tú no causaste la infidelidad de tu pareja. La mayoría de las personas traicionadas cargan con el mismo miedo secreto: *la sospecha de que alguna carencia propia fue lo que llevó a su pareja a buscar experiencias sexuales fuera de la relación.* Ese miedo resuena con variaciones como estas:

- Si yo fuera más delgada, tuviera los pechos más grandes, fuera más alta, tuviera los muslos más firmes, fuera más joven, tuviera una cara más bonita, etc., entonces él no estaría viendo pornografía en Internet.
- Si yo fuera un mejor esposo, prestara más atención, ganara más dinero, fuera un mejor líder, etc., entonces ella no estaría involucrada con otros hombres.
- Si tuviéramos sexo con más frecuencia, si hubiera estado dispuesta a experimentar más, si hubiera aceptado ese trío, si hubiera participado

en el consumo de pornografía, etc., entonces él
no estaría teniendo sexo con desconocidas.

¿Te suena familiar? La traición sexual activa dudas e inseguridades que ya estaban presentes. De inmediato nos preguntamos si fue nuestra culpa que nuestra pareja cruzara los límites de la relación. Ese miedo nos carcome y, aunque deseamos con desesperación que no sea cierto, en el fondo creemos que tal vez sí lo sea.

La cultura que nos rodea no ayuda en absoluto con este tema, especialmente si somos mujeres. La televisión, Internet, el cine y las canciones repiten una y otra vez la vieja idea de que si un hombre es infiel, la culpa es de la mujer. Son incontables las clientas que me han dicho que, cuando finalmente tuvieron el valor de contárselo a alguien —una amiga, un pastor, un familiar—, la primera pregunta que les hicieron fue cuánto sexo estaban teniendo. Esta cultura de la culpa solo aumenta la vergüenza de las personas traicionadas y refuerza la idea de que, de algún modo, son responsables por el comportamiento de su pareja.

Saberlo en el corazón

Anclarte en la realidad de que no eres responsable por la conducta de tu pareja puede llevar tiempo. Por lo general, este principio se comprende primero de forma intelectual, pero tarda en llegar al corazón y *sentirse* verdadero. La buena noticia es que los pensamientos que elegimos repetirnos determinan cómo nos sentimos, no al revés. En los grupos de doce pasos se usan frases como "actúa como si lo creyeras" o "fíngelo hasta que te salga natural" para poner en práctica este principio. La idea es que, si cambias tu pensamiento y tu conducta, con el tiempo tus emociones también cambian.

Esto significa que puedes tomar una decisión consciente: elegir creer que no eres responsable por la conducta de tu pareja y vivir desde esa verdad. Si, en cambio, eliges vivir desde la mentira —la de que tú causaste la traición—, esa mentira alimentará tu inseguridad y te llevará a comportamientos poco útiles. Si vives desde la verdad de que eres una persona valiosa, digna de amor, y que no causaste la traición, estarás en mejores condiciones de elegir tu *respuesta* ante las situaciones en vez de solo *reaccionar*. Muy pronto, *sentirás* la estabilidad y la libertad de saber que las conductas infieles de tu pareja no tienen que ver contigo.

Algo que suele ayudar a las mujeres traicionadas a comprender que no son responsables por lo que hizo su pareja es participar en terapia grupal o en reuniones de grupos de doce pasos con otras que han vivido lo mismo. Al escuchar sus historias, pueden ver con claridad quién es responsable y quién no de la infidelidad. Y al ver con claridad lo ajeno, se les aclara también lo propio.

Otro elemento que puede ayudarte a soltar la idea de que tu pareja te fue infiel por tu culpa es conocer la historia de vida de esa persona. Muchas veces, los comportamientos sexuales problemáticos ya estaban presentes en relaciones anteriores. Si tu pareja tiene una adicción sexual, es posible que esas conductas hayan comenzado en la infancia o en la adolescencia, mucho antes de que ustedes se conocieran.

Como persona traicionada, sí tienes responsabilidad en la dinámica relacional que se da hoy entre tú y tu pareja; y tienes responsabilidad sobre lo que sucede en la relación ahora y sobre cómo deciden seguir adelante. Pero no eres responsable por el hecho de que tu pareja haya elegido traicionarte.

. . .

El trueque inconsciente

Hablemos de lo que podrías estar ganando al culparte por la conducta de tu pareja. Y sí, sé que suena extraño. Tal vez pienses: *¿Qué posible beneficio podría obtener de esto?* Pues bien, tanto en mi experiencia personal como clínica, hay una ganancia detrás de esta creencia.

Y esto es lo que obtienes al culparte a ti misma: consigues quedarte con la ilusión tan anhelada de que, de algún modo, puedes controlar la conducta de tu pareja. Te lo digo otra vez: el temor profundo de haber causado la traición está estrechamente ligado a la esperanza de que puedes controlarla. Si alguna carencia o deficiencia tuya ha hecho que tu pareja se descarríe, entonces puedes arreglarlo; puedes hacer algo al respecto. Pero si la conducta de tu pareja no tiene nada que ver contigo, te enfrentas con tu impotencia frente a sus actos. Y cuesta mucho admitir que no tienes poder sobre algo que te causa tanto dolor.

El deseo de encontrar la manera de controlar y evitar una nueva traición es algo profundamente humano. Creer que causaste la traición es una forma de intentar manejar el dolor y la incertidumbre que esto ha traído a tu vida. Es muy difícil abandonar esa creencia, porque implica aceptar que la persona única y completamente responsable por esa conducta sexual es tu pareja. Solo él o ella puede hacer el trabajo necesario para asegurarse de que la traición se detenga y que el daño causado a la relación se repare de manera significativa y real.

Cuando sueltas la creencia —basada en el miedo— de que tú causaste la traición, también dejas ir la ilusión de que puedes arreglarla. Eso te libera de la falsa esperanza que nace del control y te abre a la verdadera esperanza que emerge del soltar.

Hay libertad en reconocer que no puedes controlar a tu pareja. Eres libre de soltarla y de centrarte en vivir tu propia vida de la mejor manera posible. Puedes recuperar tu poder y redirigir tu energía hacia ti misma. Dejas de creer que las conductas de tu pareja son de algún modo un veredicto sobre tu valor o tu capacidad de ser amada. Puedes seguir conectada con tu propio valor intrínseco y vivir desde ese lugar verde y exuberante que hay dentro de ti, en vez de vagar por el desierto de la desesperación personal y la culpa.

PARA TU REFLEXIÓN

Ejercicio de escritura

Tómate unos minutos para anotar las razones por las que crees que la traición de tu pareja podría ser tu culpa. Ahora siéntate y observa tu lista. ¿Hay algo en esa lista que haya contribuido a los desafíos en tu relación? ¿Hay elementos que sabes cognitivamente que no son ciertos, pero con los que emocionalmente sigues luchando?
¿Cómo se siente reconocer que, aunque tal vez hayas contribuido a ciertos problemas en la relación, no eres responsable del comportamiento traicionero de tu pareja?

Ejercicio: del miedo a la libertad

Reflexiona sobre esta frase:

El miedo profundo de haber causado la traición está estrechamente ligado a la esperanza de poder controlarla.

¿Hay una parte de ti que se aferra a culparte para no sentirte impotente o indefensa frente a tu dolor? ¿Qué sientes cuando te enfrentas a la realidad de que no tienes el poder de evitar que tu pareja te traicione?

Permítete enfrentar y expresar plenamente tus miedos. Estos temores son una parte normal del proceso de sanar el trauma por traición.

Ahora reflexiona sobre esto:

Hay libertad en reconocer que no tienes poder sobre tu pareja. Eres libre de dejar ir a esa persona y de enfocarte en vivir tu propia vida de la mejor manera posible. Cuando haces esto, quedas libre para usar tu energía en ayudarte a ti misma.

¿Qué sientes al leer esto? ¿De qué formas el dejar de culparte te libera para enfocarte en tu propia sanación y crecimiento? ¿Qué espacio emocional se abre dentro de ti? Haz un dibujo de esa sensación de libertad.

12

PÉRDIDA Y DUELO

Descubrir una traición sexual te sumerge de lleno en la experiencia de la pérdida y el duelo. De pronto te enfrentas a más pérdidas de las que puedes contar: la pérdida de la confianza en tu pareja, la pérdida de la confianza en ti misma, la pérdida de la relación que creías tener y la pérdida de los sueños que habías construido para el futuro.

Elisabeth Kübler-Ross, pionera en el estudio del duelo y la pérdida asociados a la muerte y el proceso de morir, identificó cinco etapas del duelo. Con el tiempo, estas cinco etapas han llegado a reconocerse como las que atraviesan las personas que lidian con todo tipo de trauma, incluida la traición sexual. Las etapas son: negación, ira, negociación, depresión y aceptación. Estas etapas no siguen un orden lineal.

Por ejemplo, puede que empieces el día diciéndote que al menos tu pareja no tuvo relaciones sexuales con una persona real (etapas de negociación y negación). Un rato después tal vez recuerdes haberlo sorprendido mirando pornografía en Internet y sientas una oleada de rabia, repulsión y vergüenza (etapa de ira). Esa misma tarde podrías sentirte apagada, sin energía ni motivación (etapa de depresión), mientras al mismo tiempo comienzas a comprender mejor la adicción sexual y las razones por las que tu pareja se comportó de ese modo (etapa de aceptación).

Las etapas del duelo conforman un recorrido sinuoso: se presentan sin orden aparente, vuelven sobre sí mismas y, a veces, llegan todas de golpe. El duelo tiene su propio ritmo, y puede emerger dentro de ti en los momentos y lugares más inoportunos. Si logras honrarlo cuando se presenta y permitirte sentirlo, aunque resulte agotador e incómodo, estarás ayudando a que tus emociones se procesen con mayor fluidez, lo que te permitirá atravesar la experiencia de la pérdida y el duelo de una forma más saludable.

Comprender la aceptación

Quiero aclarar un poco más lo que implica la etapa de aceptación, ya que esa palabra puede ser desencadenante para muchas personas que han sido traicionadas. Aceptar no significa estar de acuerdo con lo que hizo tu pareja ni justificar su comportamiento. Más bien, aceptar es comenzar a comprender cómo ha cambiado tu realidad y empezar a asumir cómo vivir bien dentro de esa nueva realidad.

Después de mi divorcio, recuerdo haberme preguntado: *¿Cómo reconstruyes tu vida cuando ella no resultó ser lo que querías?* No me interesaba volver a estar soltera, cargando con las heridas y cicatrices de un matrimonio traumático y un divorcio. Esa no era la vida que quería, y durante mucho tiempo no supe cómo reconstruirme a partir de una realidad que no había elegido. Sin embargo, con el tiempo, fui poniendo en su lugar piezas sueltas de una nueva vida:

una carrera que amo y en la que prospero, un hogar hermoso que es espacio de descanso y juego, amistades y familia que me nutren, me apoyan y me quieren. Así se ve y siente la aceptación. Llega poco a poco, y vamos entrando y saliendo de ella a medida que descubrimos lo que significa tener una vida plena y generosa en medio de circunstancias nuevas y muchas veces difíciles.

En las próximas semanas, vas a transitar el duelo por las muchas pérdidas que resultan de la traición de tu pareja. Es posible que las más grandes tengan que ver con haber perdido el sentido de quién eres y a la pareja —y la relación— que creías tener.

Sé amable contigo. Date espacio para sentir tristeza, para llorar desconsoladamente y para hablar con amigas íntimas sobre todo lo que has perdido. El duelo es una emoción agotadora, así que te vas a sentir cansada. Muy cansada. Vas a necesitar paciencia contigo y expectativas realistas sobre lo que puedes afrontar. Y como sé que nunca está de más repetirlo, lo diré una vez más: Esto no va a durar para siempre. Vas a volver a sentir alegría. Vas a salir de esto, y volverás a experimentar felicidad, tranquilidad, gratitud y apertura. Este es un túnel oscuro que estás atravesando, pero hay luz al final del camino.

PARA TU REFLEXIÓN

Ejercicio de escritura
Haz una lista de las cosas que has perdido a raíz de la traición de tu pareja. Muchas de estas pérdidas pueden ser temporales, pero si las estás experimentando en este momento, inclúyelas. Puede que estas pérdidas sean cosas materiales (dinero, la cancelación de un viaje muy esperado,

la pérdida de una amistad o de la relación sexual), o pérdidas emocionales (la pérdida de seguridad, de alegría, de confianza). Date espacio para sentir la tristeza y el duelo que provocan estas pérdidas. Date permiso para llorar, para llamar a alguien de confianza, para pedir consuelo a quienes te rodean. Así como alguien necesita apoyo tras la muerte de un ser querido, tú también necesitas apoyo. Has vivido la muerte de la relación que creías tener, y estás atravesando un duelo similar al de una persona que ha perdido a quien amaba.

Tu kit de consuelo

El consuelo es una de las cosas más importantes que necesitas durante un duelo. Haz una lista de cosas —objetos, gestos o actividades— que te ayuden a sentirte reconfortada cuando estás triste o desgarrada por el dolor. Algunos ejemplos podrían ser: un abrazo de tu mejor amiga, tu ropa más cómoda, un baño caliente, una larga conversación con tu hermana, acariciar a tu perro o gato, acurrucarte bajo tu manta favorita, que te tomen en brazos... No hay respuestas correctas o incorrectas. Cada persona es diferente, y lo que a ti te consuela será único. Date permiso para explorar y nombrar lo que necesitas para atravesar esta etapa.

PARA CERRAR

Deseo de todo corazón que ahora, habiendo llegado al final de este libro, tengas una comprensión más clara de lo que ocurre dentro de ti a raíz de la traición que has vivido. Espero también que tengas palabras y un lenguaje que te ayuden a expresar, tanto para ti misma como para los demás, este proceso salvaje, caótico, aterrador y doloroso en el que te encuentras. Ojalá te sientas validada. No estás loca; no hay nada mal contigo. Estás atravesando una situación sumamente desafiante y reaccionando de formas normales ante el estrés anormal que implica una traición.

Y, sobre todo, espero que sepas que no estás sola. Muchas otras personas han vivido el trauma por traición; y el apoyo, el cuidado, la guía y la sabiduría están a disposición para ayudarte a recorrer este camino.

Y una vez más, déjame decírtelo: la cosa va a mejorar.

Esto también pasará.

AGRADECIMIENTOS

Te sorprendería todo lo que se necesita para sacar un libro como este al mundo. Por supuesto que no lo hice sola, y estoy profundamente agradecida por toda la ayuda y el apoyo que recibí en el camino. Estas son algunas de las personas a quienes agradezco de manera muy especial:

Steve, mi querido amigo y compañero del grupo de escritura, que a estas alturas probablemente ya pueda recitar este libro de memoria y quien ahora sabe mucho más sobre el trauma por traición de lo que jamás habría querido. *Gracias.*

Beth, Brooke, Julie, Cyndi, Andrea, Denise, Lynda, Kari, Laurie y Heather (*in memoriam*), mi pandilla de amigas que han recorrido este camino accidentado conmigo, que han reído y llorado a mi lado, y que *siempre* me han visto de verdad. *Gracias.*

Al maravilloso equipo del Relational Recovery Institute, que ha asumido el cuidado de nuestras clientas con excelencia, sabiduría y compromiso, para que yo pudiera dar un paso atrás y escribir. *Gracias.*

A las mujeres del grupo focal de PartnerHope, que leyeron el borrador, ofrecieron comentarios valiosos, me animaron y compartieron generosamente sus propias experiencias con la esperanza de que otras mujeres se beneficien profundamente. *Gracias.*

Scott Brassart, editor de estilo extraordinario, cuya

ayuda hizo posible que este libro alcanzara su mejor versión.

SOBRE LA AUTORA

Michelle Mays es autora, innovadora y terapeuta, guiada por la convicción de que todo cambio ocurre en el marco de una relación. Guiada por esta orientación relacional, ha dedicado más de dos décadas a desarrollar nuevos modelos y enfoques para tratar a personas y parejas afectadas por la traición sexual y el trauma.

Es autora de *The Betrayal Bind: How to Heal When the Person You Love the Most Has Hurt You the Worst* y creadora del modelo *Attachment-Focused Partner Betrayal*™, un enfoque de sanación basado en el apego para parejas traicionadas. Además, diseñó *Braving Hope*®, el principal programa de acompañamiento en línea para quienes atraviesan este tipo de experiencias, y fundó el Relational Recovery Institute, con sede en Leesburg, Virginia.

Michelle es consejera profesional licenciada y supervisora clínica en Virginia y Washington D.C., así como terapeuta certificada en adicción sexual y supervisora clínica.

MÁS ESPERANZA Y APOYO

Si deseas seguir recibiendo esperanza y apoyo en tu proceso de recuperación tras una traición de pareja, visita michelle mays.com y suscríbete para recibir el blog semanal de Michelle, además de otros recursos para tu crecimiento y sanación.

www.ingramcontent.com/pod-product-compliance
Lightning Source LLC
Chambersburg PA
CBHW071639040426
42452CB00009B/1693